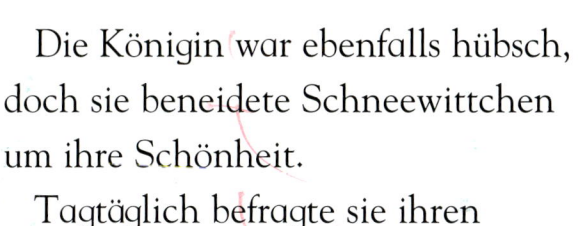

Die Königin war ebenfalls hübsch, doch sie beneidete Schneewittchen um ihre Schönheit.

Tagtäglich befragte sie ihren Zauberspiegel: „Spieglein, Spieglein an der Wand, wer ist die Schönste im ganzen Land?"

Und stets antwortete er:
„Frau Königin, ihr seid die Schönste hier."

Doch die Königin war immer noch eifersüchtig auf Schneewittchen und ließ sie als Bedienstete im Schloss arbeiten.

Eines Tages befragte die Königin wieder ihren Zauberspiegel: „Spieglein, Spieglein an der Wand, wer ist die Schönste im ganzen Land?"

Doch diesmal antwortete er:

> „Frau Königin, ihr seid die Schönste hier. Doch was sehe ich für ein schönes Gesicht – das Mädchen ist tausendmal schöner als ihr."

„Schneewittchen!", rief die Königin wutentbrannt, „das ist nicht möglich!"

Währenddessen arbeitete Schneewittchen im Hof und sang dabei ein Lied. Ein schöner junger Prinz ritt vorbei und hörte ihre liebliche Stimme. Als der Prinz und Schneewittchen sich sahen, verliebten sie sich sofort ineinander.

Die Königin beobachtete die beiden und war rasend vor Eifersucht. Sie musste Schneewittchen unbedingt loswerden.

Am nächsten Morgen befahl die Königin ihrem Jäger, Schneewittchen in den Wald zu bringen und zu töten. „Bring mir ihr Herz als Beweis für ihren Tod!"

Der Jäger führte Schneewittchen tief in den Wald, doch er brachte es nicht fertig, sie zu töten. „Versteck dich im Wald und komm nie wieder zurück", befahl er der Prinzessin. Als Beweis für ihren Tod zeigte er der Königin das Herz eines Tieres.

Schneewittchen lief tief in den Wald. Sie hatte große Angst, doch die Tiere des Waldes führten sie zu einem winzigen Häuschen mitten im Wald. Schneewittchen klopfte und trat ein. Sie fragte sich, wer wohl in solch einem kleinen Haus wohnte.

Schneewittchen ging durch das Haus und entdeckte sieben Stühlchen im Wohnzimmer und sieben ungemachte, winzige Bettchen im Schlafzimmer. „Hier wohnen sicher sieben kleine, unordentliche Kinder", dachte sie.

Als sie in ihr Häuschen eintraten, merkten sie gleich, dass etwas nicht stimmte – es war sauber! Der Boden glänzte und es kam ein herrlicher Duft von der Feuerstelle. „Was ist hier passiert?", fragten sie sich gegenseitig voller Verwunderung.

Sie suchten das Häuschen nach einem Eindringling ab und stolperten ins Schlafzimmer, als Schneewittchen gerade aufwachte. „Wer bist Du?", fragten die Zwerge aufgeregt. „Ich bin Schneewittchen", antwortete die Prinzessin und erklärte den Zwergen, wer sie war und was die böse Königin ihr antun wollte. „Und wer seid ihr?", fragte Schneewittchen.

Und einer nach dem anderen stellte sich vor:
„*Ich bin Happy.*"
„*Ich bin Hatschi.*"
„*Ich bin Brummbär.*"
„*Ich bin Pimpel.*"
„*Ich bin Schlafmütz.*"
„*Ich bin Seppl.*"
„*Und das ist Chef!*", riefen sie alle zusammen.

„Es freut mich, euch alle kennen-
zulernen.", sagte Schneewittchen.
„Wenn ihr mich bei euch wohnen lasst,
verspreche ich euch, das Haus in Ordnung
zu halten." Die Zwerge waren schnell
einverstanden und tanzten und sangen, um
Schneewittchen in ihrem Heim willkommen
zu heißen. Schneewittchen war darüber so froh,
dass sie bald ihre ganzen Sorgen vergessen hatte.

Währenddessen befragte die Königin wieder ihren Zauberspiegel. Der Spiegel antwortete:

„Frau Königin, Ihr seid die Schönste hier, aber Schneewittchen ist noch tausendmal schöner als Ihr."

Und er verriet ihr, wo sich die Prinzessin versteckt hielt. Wutentbrannt schrie die Königin: „Schneewittchen ist noch am Leben!" und schwor sich, sie ein für alle mal zu beseitigen.

Tief unten in den Kerkern des Schlosses nahm die Königin einen Zaubertrank zu sich, der sie in eine alte Bettlerin verwandelte, und zauberte einen Giftapfel herbei. „Ein Biss von diesem giftigen Apfel und ihre Augen werden sich für immer schließen!", lachte sie gehässig. Als Gegengift wirkte nur der Liebe erster Kuss.

Am nächsten Morgen, nachdem die Zwerge ins Bergwerk gegangen waren, erschien die alte Bettlerin an dem kleinen Zwergenhäuschen und wollte ein paar Äpfel verkaufen. „Koste von diesem, hübsche Magd! Er wird dir gut bekommen. Ein Biss, und all deine Träume werden wahr!", zischte die Alte.

Schneewittchen hatte Mitleid mit der Bettlerin und biss in den vergifteten Apfel. Sogleich sank sie zu Boden. Die Bettlerin flüsterte gehässig: „Nun bin ich die Schönste im ganzen Land!"

Schneewittchens Freunde aus dem Wald hatten gesehen, was passiert war und machten sich sogleich auf den Weg zum Bergwerk, um die sieben Zwerge zu holen.

Als die Zwerge zum Häuschen eilten, blitzte und donnerte es. Sie sahen die böse Königin und jagten sie die Felsen hinauf.

Die Königin wollte einen riesigen Felsbrocken auf die Zwerge stoßen.

Doch der Fels rollte zurück und sie taumelte von der Spitze in die darunterliegende Finsternis.

Die Zwerge kehrten zum Häuschen zurück und fanden Schneewittchen auf dem Boden liegend. Vergeblich versuchten sie, die hübsche Prinzessin aufzuwecken. Dann trugen die Zwerge Schneewittchen in den Wald, legten sie auf ein Bett und wachten Tag und Nacht an ihrer Seite.

Die Monate gingen ins Land und Schneewittchens Bett war bedeckt von Laub, Schnee und Frühlingsblüten. Sie schlief immer noch tief und fest.

Eines Tages ritt ein junger, gutaussehender Mann durch den Wald. Es war der Prinz, der sich in Schneewittchen verliebt hatte. Er hatte die schöne Prinzessin überall gesucht. In tiefer Trauer küsste er Schneewittchen zum Abschied.

Da regte sich Schneewittchen plötzlich und schlug langsam die Augen auf. „Sie ist wach!", jubelten die Zwerge und fielen einander vor Freude um den Hals. Der Bann der bösen Königin war gebrochen.

Bevor Schneewittchen ihr neues Leben mit dem Prinzen begann, bedankte sie sich bei den sieben Zwergen für alles, was sie für sie getan hatten und gab jedem einzelnen einen Abschiedskuss. Sie versprach, die Zwerge bald zu besuchen.

So ritten der Prinz und Schneewittchen in ihr neues Leben und die sieben Zwerge wussten, dass sie glücklich bis ans Ende ihrer Tage leben würden.